Daniela Drescher

Merlind
und die
Walpurgisnacht

Urachhaus

Endlich war es so weit!
Es war Frühlingszeit, und das große
Walpurgisfest stand bevor.
In dem kleinen Haus herrschte einige
Aufregung, denn es kam nicht oft vor, dass
Merlind, die kleine Zauberin, und Igor,
der Drache, mit dem Zauberbesen
so weit wegflogen.

»Igor«, rief Merlind, »was meinst du, soll ich den grünen oder den violetten Hut aufsetzen?« – »Ähm ...«, überlegte Igor, der gerade seine Tasche mit Proviant vollpackte, »ich weiß nicht ... den violetten vielleicht.« – »Aber der grüne passt besser zu meinem Halstuch.« – »Nun«, sagte Igor, »in diesem Fall solltest du den grünen nehmen.« »Und was hältst du von dem roten Hut?« »Auch sehr schön«, sagte Igor geduldig, »aber wir sollten nun wirklich so langsam los.« – »Eine Minute noch«, rief Merlind aus ihrem Zimmer.

Und Igor wartete ...

… und wartete …

… und wartete …

... und setzte sich auf das Sofa. – Knacks!!
»Oh!«, quiekte Igor.
Da kam auch schon Merlind herein:
»Fertig«, sagte sie, »dann lass uns mal losfliegen. Hast du den Besen gesehen?«
Armer Igor.

»Ich fürchte«, flüsterte Igor, »ich fürchte, ich habe mich draufgesetzt.«
»Oh nein!«, rief die kleine Zauberin. »Wie sollen wir denn ohne Besen zum Walpurgisfest kommen?«
Arme Merlind. Sie hatte sich doch schon seit Wochen auf diesen Abend gefreut.

Was sollte Igor nur tun? Sein Blick fiel auf das Zauberbuch.
»Na klar!«, rief er. »Du wirst den Besen wieder heil ZAUBERN!«
»Meinst du wirklich?«, schluchzte Merlind.
»Aber ja!« Igor blätterte aufgeregt in den Seiten des großen alten Buches.
»Hier«, sagte er aufmunternd, »probier's mal!«
Und Merlind schwang ihren Zauberstab:

»Sichelmond und Dromedar,
das Ding wird wieder, wie es war.«

Es rumpelte
und pumpelte und …
im Zimmer stand ein
riesengroßes Dromedar.

»Nein«, sagte Igor, »falsch, ganz falsch!«, und blätterte beherzt weiter.

»Wildschweinhauer, Rattenschwanz,
Besen werde wieder ganz!«

Merlind schwang wieder ihren Zauberstab, und aus dem Dromedar wurde ein Wildschwein.

»Mottenstaub und Gänsefeder,
Besen flicken kann doch jeder.«

Igor mochte gar nicht hinsehen ... Statt des Wildschweins stand nun eine hübsche Gans vor ihnen – aber der Besen war noch immer nicht heil.
»Es hat keinen Sinn«, sagte Merlind enttäuscht, »ich kann den Besen nicht reparieren; und jetzt werden sie ohne uns feiern.«
Igor sah, wie eine dicke Träne über ihre rote Backe kullerte.

Das war zu viel für den Drachen.
Er musste etwas unternehmen – aber was?
Da bemerkte er plötzlich ein leises Kitzeln,
ein feines Kribbeln zwischen seinen Schulterblättern.
Es waren seine Flügel!
Und die bewegten sich jetzt
so heftig hin und her, dass Igor
vom Boden abhob und
tatsächlich – FLOG!

»Das kann nicht sein«, dachte er,
und im nächsten Moment saß er auch schon
– plumps – wieder auf dem Boden.
Noch nie zuvor hatten ihn seine Flügel getragen.
Sie waren klein und schmächtig, und er war
dick und schwer.

Doch dann ging es mit dem Kribbeln und Kitzeln zwischen seinen Schulterblättern von vorne los. Wieder hob er vom Boden ab, und diesmal stieg er höher und höher.

»Merlind«, rief Igor, als ihn seine Flügel durch die Haustüre hinaus in den Garten trugen. »Merlind, ich FLIEGE!«

Wie eine riesige Erbse mit Flügeln brummte der Drache über dem Garten und rund um das kleine Haus herum.

Merlind, die das ganze Schauspiel mit großen Augen verfolgt hatte, lachte und umarmte ihren Freund, als er wieder gelandet war: »Igor, du kannst ja fliegen!«
»Ja«, sagte Igor ganz außer Atem, »ist das nicht großartig? Nun komm schnell – noch ist es nicht zu spät! Mit dem Wind im Rücken können wir es schaffen.«
Eilig packten sie alle Sachen zusammen, und los ging es!

Merlinds Tanten hatten sich schon zum Fest versammelt. Zuallererst zauberten sie den Besen wieder heil:

»Zauberstaub und Sternenglanz,
Merlinds Besen, werde ganz!«

Und dann feierten alle zusammen
ein herrliches Fest.

»Igor«, sagte Merlind beim Heimflug und schon halb im Traum, »ich bin ja so stolz auf dich!«
Und wäre es nicht Nacht gewesen und der Drache nicht grün, dann hättet ihr sehen können, wie Igor bis über beide Ohren rot im Gesicht wurde.

ISBN 978-3-8251-7821-5

Erschienen im Verlag Urachhaus

Gesamtherstellung:
Proost, N.V., Turnhout, Belgien